MARINE

PEPIN®

GIFT & CREATIVE PAPERS

VOLUME

(89)

English

Zoology in Europe

The diversity of the natural world was studied by, among others, the ancient Greeks and Romans, the Chinese of the Song-dynasty and 7th-century scholars of the Arab world. In Europe, zoology (animal biology) became a serious academic endeavour in the late 17th century, and it was taught and studied at major universities throughout the continent. Explorers with a special interest in science and nature travelled the world and documented the species they encountered. Naturalists such as Carl Linnaeus, Alexander von Humboldt, Maria Sibylla Merian, Lorenz Oken, Georges Buffon, Ernst Haeckel, Charles Darwin and others – some of whom were accomplished artists in their own right – made important contributions towards zoological knowledge.

The 18th and, especially, the 19th century was also a time that more and more illustrated books were published, some with extremely beautiful images created by the greatest illustrators of the day. The growing knowledge of the animal world, coupled with the advancement in printing and publishing, resulted in the creation of some exceptional books containing copper plate, woodblock and chromolithographic reproductions of stunning beauty. The Pepin Press Gift & Creative paper volumes Fauna and Under Water have been created using original illustrations from these great books.

Français

Les formes d'art dans la nature

On pourrait croire que les qualités analytiques de la science et les formes fluides de l'art ne vont pas de pair, mais lorsqu'on les associe, elles peuvent aussi donner des résultats sublimes. Comme dans le cas du biologiste, médecin, philosophe et artiste allemand Ernst Haeckel (né à Potsdam en 1834 et mort à Jena en 1919). Ce professeur de zoologie du XIXe siècle avait l'esprit analytique d'un scientifique, mais aussi le regard et le talent d'un véritable artiste. Lorsqu'il observait le monde de la nature, il voyait les richesses infinies de cet univers jusque dans ses moindres détails.

La complexité exquise des gravures de Haeckel montre qu'il avait une affinité naturelle avec la vie sur notre planète sous toutes ses formes. Magnifiquement composées, ses études détaillées ont été à la base de l'un de ses ouvrages majeurs et les plus mémorables : *Formes artistiques de la nature*, qui commença à être publié en 1899. Les gravures de Haeckel devinrent alors extrêmement populaires, notamment parmi les artistes et les designers, et plus d'un siècle après leur publication, elles sont encore très appréciées.

Formes artistiques de la nature fait partie d'une série de livres scientifiques illustratifs qui influencèrent en Allemagne le mouvement artistique et de design appelé *Jugendstil*, qui faisait lui-même partie du grand mouvement européen de l'Art nouveau.

La nature est au centre de notre planète et au cœur de ce que nous sommes. À travers la science et l'art, Haeckel a utilisé ce besoin que nous avons d'être en connexion avec la nature, ce qui explique sans doute la popularité durable de son formidable travail.

Deutsch

Zoologie in Europa

Die Vielfalt der Natur studierten unter anderem bereits die alten Griechen und Römer, die Chinesen der Song-Dynastie und die Gelehrten der arabischen Welt im 7. Jahrhundert. In Europa machte man die Zoologie (Tierbiologie) Ende des 17. Jahrhunderts zu einem ernsthaften akademischen Unterfangen und lehrte und studierte sie an den großen Universitäten des ganzen Kontinentes. Forschungsreisende mit einem besonderen Interesse an Wissenschaft und Natur bereisten die Welt und dokumentierten die Arten, denen sie begegneten. Naturforscher wie Carl von Linné, Alexander von Humboldt, Maria Sibylla Merian, Lorenz Oken, Georges Buffon, Ernst Haeckel, Charles Darwin und andere – von denen einige selbst vollendete Künstler waren – leisteten wichtige Beiträge zum zoologischen Wissen.

Im 18. und insbesondere im 19. Jahrhundert wurden auch immer mehr illustrierte Bücher veröffentlicht. Einige enthielten wunderschöne Abbildungen, geschaffen von den größten Illustratoren der Zeit. Das wachsende Wissen über die Tierwelt führte in Kombination mit den Fortschritten in Druck und Verlagswesen zu einigen außergewöhnlichen Büchern, die Reproduktionen von Kupferstichen, Holzschnitten und Chromolithografien von beeindruckender Schönheit enthalten. Die beiden Bände Fauna und Unter Wasser in der Geschenk- & Kreativpapierreihe von Pepin Press wurden unter Verwendung von Originalillustrationen aus diesen großartigen Büchern erstellt.

Español

Zoología en Europa

La diversidad del mundo natural fue objeto de estudio en la Grecia y la Roma clásicas, la China de la dinastía Song, así como por parte de los eruditos del mundo árabe del siglo VII, entre otros. En Europa, la zoología (biología animal) se convirtió en una disciplina académica a finales del siglo XVII, siendo impartida y estudiada en las principales universidades de todo el continente. Los exploradores con un especial interés en la ciencia y la naturaleza viajaron por el mundo y documentaron las especies descubiertas. Naturalistas como Carl Linnaeus, Alexander von Humboldt, Maria Sibylla Merian, Lorenz Oken, Georges Buffon, Ernst Haeckel, Charles Darwin y otros –algunos de los cuales pueden considerarse artistas por pleno derecho– realizaron importantes contribuciones al desarrollo del conocimiento zoológico.

El siglo XVIII, y especialmente el siglo XIX, también es el período en el que se publican más y mejores libros ilustrados, algunos de los cuales albergan imágenes de gran belleza creadas por los grandes ilustradores del momento. El creciente conocimiento sobre el mundo animal, junto con los avances en la impresión y la edición, convergieron en la creación de estos libros excepcionales que contienen reproducciones cromolitográficas de placas de cobre y madera. Para la creación de los volúmenes Fauna y Bajo las Aguas de Papel Creativo y de Regalo de Pepin Press se han utilizado ilustraciones originales procedentes de estas obras maestras.

SCHMALKÖPFE.

Fische VII.   Taf. 50.

2. Thunnfisch (Scomber.)
1. Lootsenfisch (Naucrates.)
4. Spiegelfisch (Gallus.)
3. Schwerdfisch (Xiphias.)
5. Sonnenfisch (Zeus.)
6. Bandmakrele (Equula.)
7. Schnäpperfisch (Acanthurus.)
8. Einhornfisch (Monoceros.)
9. Spritzfisch (Chelmo.)
10. Gichtfisch (Platax.)

Oken's Allgemeine Naturgeschichte. VI Zoologie.   LXIII.   C. Dießer ges.

Copyright © 2019 Pepin van Roojen

All rights reserved. No part of this book may be reproduced or transmitted in any form or by any means without permission in writing from The Pepin Press BV.

PEPIN®

Pepin® is a trademark of Pepin Holding BV

Published by
The Pepin Press BV
P.O. Box 10349
1001 EH Amsterdam, The Netherlands
mail@pepinpress.com

www.pepinpress.com

Creative Director / Series Editor
Pepin van Roojen

Layout of this volume
Nina Zulian

ISBN 978 94 6009 102 5

This book is produced by The Pepin Press in Amsterdam and Singapore.

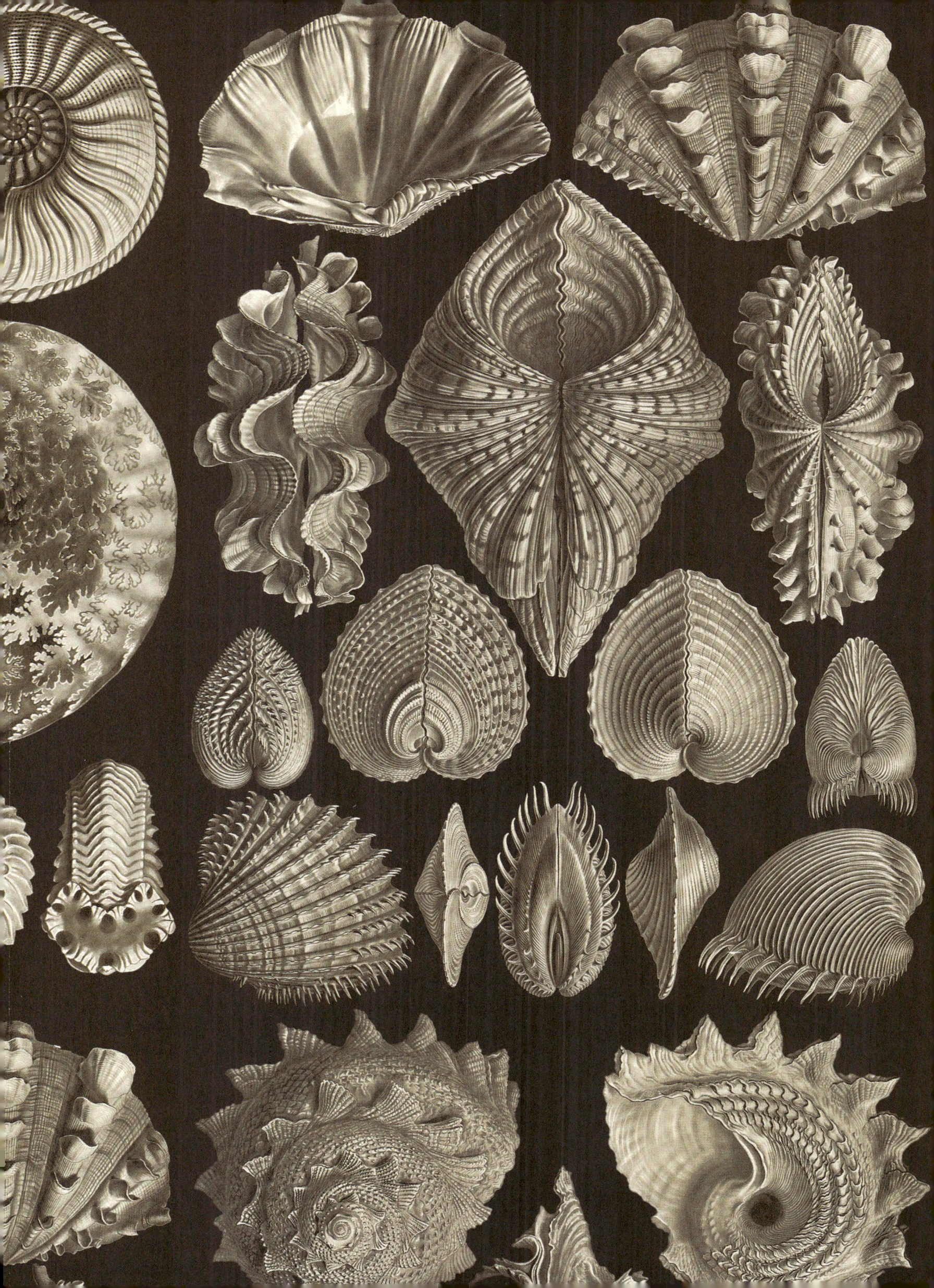

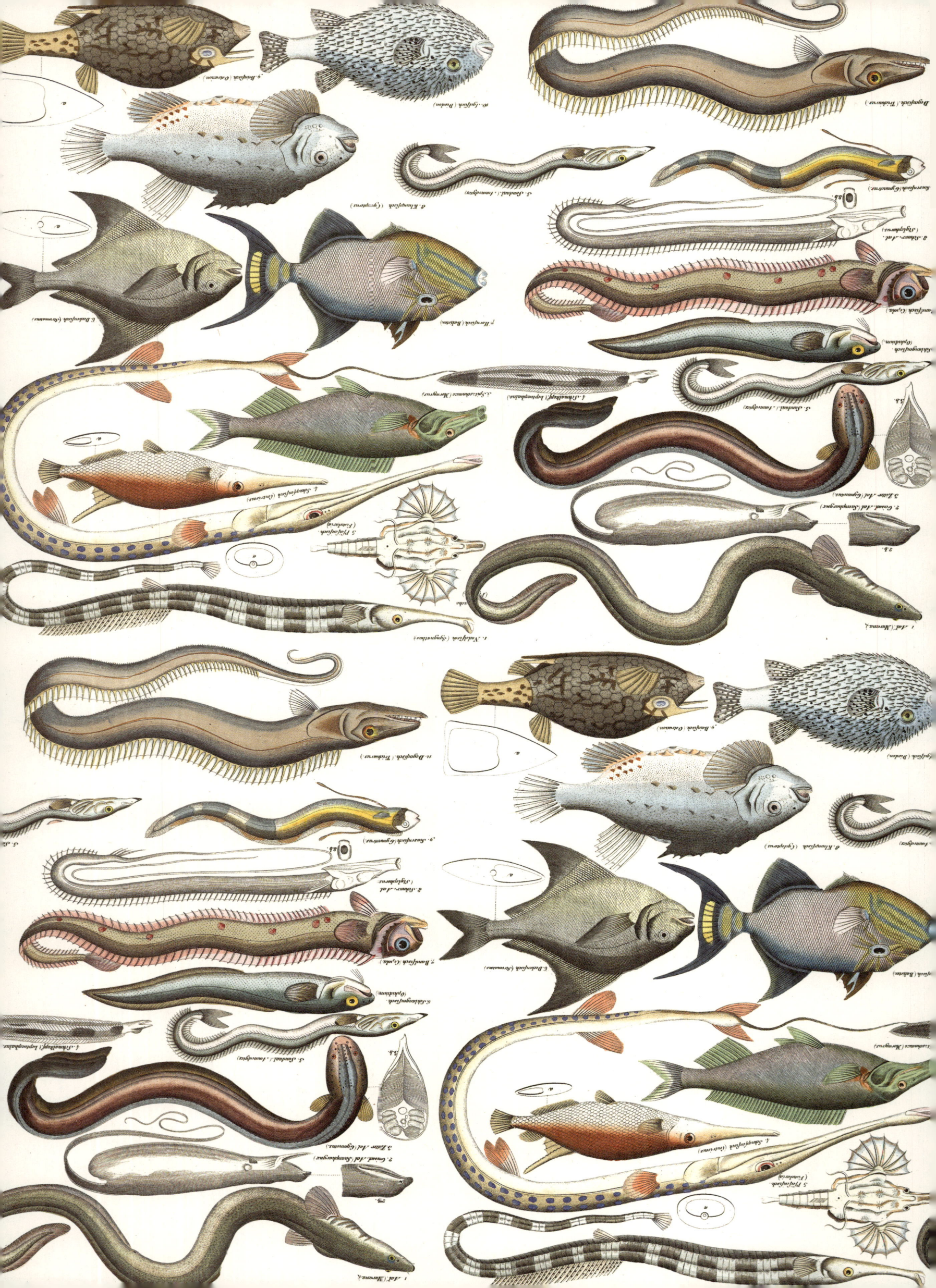